AF359223

VERS DV S.
DE MALHERBE

A

LA REINE.

A PARIS,

Chez **A**DRIAN **B**EYS, ruë
fainct Iaques.

M. DCXI.
Auec Priuilege de fa Majefté.

A LA REINE,

Sur les heureux succés de sa Regence.

ODE.

Ymfe *qui iamais ne sommeilles,*
Et dont les messages diuers
En vn moment sont aux oreilles
Des peuples de tout l'vniuers :
Vole viste, & de la contree
Par où le iour fait son entree
Iusqu'au riuage de Calis,
Conte sur la terre & sur l'onde
Que l'honneur vnique du monde
C'est la Reine des fleurs de lis.

A ij

4

Quand son Henry, de qui la gloire
Fut vne merueille à nos yeux,
Loin des hommes s'en alla boire
Le nectar aueques les Dieux:
En ceste auenture effroyable,
A qui ne sembloit-il croyable
Qu'on alloit voir vne saison,
Où nos brutales perfidies
Feroient naistre des maladies
Qui n'auroient iamais guerison?

Qui ne pensoit que les furies
Viendroient des abismes d'enfer
En de nouuelles barbaries
Employer la flamme & le fer?
Qu'vn débordement de licence
Feroit souffrir à l'innocence
Toute sorte de cruautez?
Et que nos malheurs seroient pires
Que nagueres sous les Busires
Que cet Hercule auoit dontez?

Toutesfois depuis l'infortune
De ceſt abominable iour,
A peine la quatrieme lune
Acheue de faire ſon tour :
Et la France a les deſtinées
Pour elle tellement tournées
Contre les vents ſeditieux,
Qu'au lieu de craindre la tẽpeſte,
Il ſemble que iamais ſa teſte
Ne.fut ſi voiſine des cieux.

Au delà des bors de la Meuſe
L'Alemagne a veu nos guerriers
Par vne conqueſte fameuſe
Se couurir le front de lauriers.
Tout a flechy ſous leur menace:
L'Aigle meſme leur a fait place;
Et les regardant approcher,
Comme lyons à qui tout cede,
N'a point eu de meilleur remede
Que de fuyr & ſe cacher.

O Reine qui pleine de charmes
Pour toute sorte d'accidens,
As borné le flus de nos larmes
En ces miracles euidens :
Que peut la fortune publique
Te vouër d'assez magnifique,
Si mise au rang des immortels,
Dont ta vertu suit les exemples,
Tu n'as auec eux dans nos temples
Des images & des autels ?

Que sçauroit enseigner aux princes
Le grand demon qui les instruit,
Dont ta sagesse en nos prouinces
Chaque iour n'espande le fruit ?
Et qui iustement ne peut dire,
A te voir regir cet empire,
Que si ton heur estoit pareil
A tes adorables merites,
Tu ferois dedans ses limites
Leuer & coucher le soleil ?

Le soin qui reste à nos pensees,
O bel Astre, c'est que tousiours
Nos felicitez commencees
Puissent continuer leur cours :
Tout nous rit, & nostre nauire
A la bonace qu'il desire :
Mais si quelque iniure du sort
Prouoquoit l'ire de Neptune,
Quel excez d'heureuse fortune
Nous garantiroit de la mort?

Assez de funestes batailles,
Et de carnages inhumains
Ont fait en nos propres entrailles
Rougir nos deloyales mains :
Donne ordre que sous ton genie
Se termine ceste manie,
Et que las de perpetuer
Vne si longue malueuillance,
Nous employons nostre vaillance
Ailleurs qu'à nous entretuer.

La discorde aux crins de couleuures,
Peste fatale aux potentats,
Ne finit ses tragiques euures
Qu'en la fin mesme des estats:
D'elle nasquit la frenesie
De la Grece contre l'Asie:
Et d'elle prindrent le flambeau
Dont ils desolerent leur terre,
Les deux freres de qui la guerre
Ne cessa point dans le tombeau.

C'est en la paix que toutes choses
Succedent selon nos desirs:
Cōme au printēs naissent les roses,
En la paix naissent les plaisirs:
Elle met les pompes aux villes,
Donne aux champs les moissons
Et de la majesté des lois (fertiles:
Appuyant les pouuoirs supremes,
Fait demeurer les diademes
Fermes sur la teste des Rois.

Ce

Ce sera dessous ceste ægide
Qu'inuincible de tous costez
Tu verras les peuples sans bride
Obeyr à tes volontez :
Et surmontant leur esperance,
Remettras en telle asseurance
Leur salut qui fut deploré,
Que viure au siecle de Marie,
Sans mensonge & sans flaterie,
Sera viure au siecle doré.

Les Muses, les neuf belles fées
Dont les bois suiuent les chansons,
Rempliront de noueaux Orfées
La trouppe de leurs nourrissons :
Tous leurs veux serõt de te plaire:
Et si ta faueur tutelaire
Fait signe de les auouër,
Iamais ne partit de leurs veilles
Rien qui se cõpare aux merueilles
Qu'elles feront pour te louër.

B

En ceste hautaine entreprise,
Commune à tous les beaux esprits,
Plus ardent qu'vn atlete à Pise,
Ie me feray quitter le pris.

Et quand i'auray peint tõ image,
Quiconque verra mon ouurage,
Auoüra que Fontainebleau,
Le Louure, ny les Tuileries
En leurs superbes galeries
N'ont point vn si riche tableau.

Apollon à portes ouuertes
Laisse indifferemment cueillir
Les belles feuilles tousiours vertes
Qui gardent les noms de vieillir:
Mais l'art d'en faire les courõnes
N'est pas sceu de toutes personnes:
Et trois ou quatre seulement,
Au nombre desquels on me range,
Peuuent donner vne louange
Qui demeure eternellement.

F I N.

A ELLE MESME,

Sur sa bienuenue en France.

ODE.

Presentée à S. M. à Aix 1600.

PEVPLES, qu'on mette sur
la teste   (fleurs:
Tout ce que la terre a de
Peuples, que ceste belle feste
A iamais tarisse nos pleurs:
Qu'aux deux bouts du monde se
Luire le feu de nostre ioye: (voye
Et soyent dans les coupes noyez
Les soucis de tous ces orages,
Que pour nos rebelles courages
Les Dieux nous auoient enuoyez.

A ce coup yront en fumee
Les veux que faisoiët nos mutins
En leur ame encor affamee
De maſſacres & de butins:
Nos doutes seront esclaircies:
Et mentiront les profeties
De tous ces viſages pallis,
Dont le vain eſtude s'applique
A chercher l'an climaterique
De l'eternelle Fleurdelis.

Auiourd'huy nous eſt amenee
Cette Princeſſe que la foy
D'Amour enſëble & d'Hymenee
Deſtine au lit de noſtre Roy;
La voicy la belle Marie,
Belle merueille d'Hetrurie,
Qui fait confeſſer au ſoleil,
Quoy que l'age paſſé raconte,
Que du ciel, depuis qu'il y monte,
Ne vint iamais rien de pareil.

Telle n'est point la Cytheree,
Quand d'vn nouueau feu s'allu-
Elle sort põpeuse & paree (mant,
Pour la conqueste d'vn amant:
Telle ne luit en sa carriere
Des mois l'inegale courriere :
Et telle dessus l'orizon
L'Aurore au matin ne s'estale,
Quãd les yeux mesmes de Cefale
En feroient la comparaison.

Le sceptre que porte sa race,
Où l'heur aux merites est ioint,
Luy met le respect en la face,
Mais il ne l'enorgueillit point :
Nulle vanité ne la touche :
Les Graces parlent par sa bouche :
Et son front tesmoin asseuré
Qu'au vice ell'est inaccessible,
Ne peut que d'vn cueur insensible
Estre veu sans estre adoré.

Quantesfois lors que fur les ondes
Ce nouueau miracle flottoit,
Neptune en ſes caues profondes
Plaignit il le feu qu'il ſentoit?
Et quantesfois en ſa penſée
De viues attaintes bleſſée,
Sans l'honneur de la royauté
Qui luy fit celer ſon martire,
Euſt il voulu de ſon empire
Faire eſchange à cette beauté?

Dix iours ne pouuant ſe diſtraire
Du plaiſir de la regarder,
Il a par vn effort contraire
Eſſayé de la retarder:
Mais à la fin, ſoit que l'audace
Au meilleur aduis ait fait place,
Soit qu'vn autre demon plus fort
Aux vents ait impoſé ſilence,
Ell'eſt hors de ſa violence,
Et la voicy dans noſtre port.

La voicy, Peuples, qui nous montre
Tout ce que la gloire a de pris:
Les fleurs naissent à sa rencontre
Dans les cueurs & dãs les esprits:
Et la presence des merueilles,
Qu'en oyoyent dire nos oreilles,
Accuse la temerité
De ceux qui nous l'auoïet descrite
D'auoir figuré son merite
Moindre que n'est la verité.

O toute parfaite Princesse,
L'estonnement de l'vniuers,
Astre par qui vont auoir cesse
Nos tenebres & nos hyuers,
Exemple sans autres exemples,
Future image de nos temples,
Quoy que nostre foible pouuoir
En vostre accueil ose entrepren-
Peut il esperer de vous rendre(dre,
Ce que nous vous allons deuoir?

Ce sera vous qui de nos villes
Ferez la beauté refleurir:
Vous, qui de nos haines ciuiles
Ferez la racine mourir:
Et par vous la paix asseuree
N'aura pas la courte duree
Qu'esperent infidellement,
Non lassez de nostre souffrance,
Ces Frãçois qui n'ont de la France
Que la langue & l'habillement.

Par vous vn Daufin no va naistre,
Que vous mesme verrez vn iour
De la terre entiere le maistre
Ou par armes ou par amour:
Et ne tarderont ses conquestes
Dans les oracles desia prestes,
Qu'autant que le premier cotton,
Qui de ieunesse est le message,
Tardera d'estre en son visage
Et de faire ombre à son menton.

O com-

O combien lors aura de veuues
La gent qui porte le Turban!
Que de sang rougira les fleuues
Qui lauent les piez du Liban!
Que le Bosfore en ses deux riues
Aura de sultanes captiues!
Et que de meres à Memfis
En pleurant diront la vaillance
De son courage & de sa lance
Aux funerailles de leurs fis !

Cependant nostre grand Alcide
Amolly parmy vos appas
Perdra la fureur qui sans bride
L'emporte à chercher le trepas:
Et cette valeur indontee,
De qui l'honneur est l'Euristee,
Puis que rien n'a sceu l'obliger
A ne nous donner plus d'alarmes,
Au moins pour espargner vos lar-
Aura peur de nous affliger. (mes

Si l'espoir qu'aux bouches des hõmes
Nos beaux faits seront recitez,
Est l'aiguillõ par qui nous sommes
Dans les hazars precipitez :
Luy de qui la gloire semee
Par les voix de la renommee
En tant de parts s'est fait ouyr
Que tout le siecle en est vn liure,
N'est il pas indigne de viure
S'il ne vit pour se resiouyr?

Qu'il luy suffise que l'Espagne,
Reduite par tant de combas
A ne l'oser voir en campagne,
A mis l'ire & les armes bas :
Qu'il ne prouoque point l'enuie
Du mauuais sort contre sa vie :
Et puis que selon son dessein
Il a rendu nos troubles calmes,
S'il veut dauantage de palmes
Qu'il les aquere en vostre sein.

C'est là qu'il faut qu'à son genie,
Seul arbitre de ses plaisirs,
Quoy qu'il demande il ne denie
Rien qu'imaginent ses desirs :
C'est là qu'il faut que les annees
Luy coulent comme des iournees :
Et qu'il ait dequoy se vanter
Que la douceur qui tout excede
N'est point ce que sert Ganimede
A la table de Iuppiter.

Mais d'aller plus à ces batailles
Où tonnent les foudres d'enfer,
Et lutter contre des murailles
D'où pleuuët la flamme & le fer :
Puis qu'il sçait qu'en ses destinees
Les nostres seront terminees,
Et qu'apres luy nostre discord
N'aura plus qui donte sa rage,
N'est ce pas nous rēdre au naufra-
Apres nous auoir mis à bord ? (ge

Cest Achile de qui la pique
Faisoit aux braues d'Ilion
La terreur que fait en Afrique
Aux troupeaux l'assaut d'vn lyō,
Bien que sa mere eust à ses armes
Adiousté la force des charmes,
Quand les destins l'eurent permis,
N'eut il pas sa trame coupee
De la moins redoutable espee
Qui fust parmy ses ennemis?

Les Parques d'vne mesme soye
Ne deuident pas tous nos iours:
Ny tousiours par semblable voye
Ne font les planettes leurs cours:
Quoy que promette la fortune,
A la fin quand on l'importune,
Ce qu'ell' auoit fait prosperer
Tombe du feste au precipice:
Et pour l'auoir tousiours propice
Il la faut tousiours reuerer.

Ie sçay bien que sa **Carmagnole,**
Deuant luy se representant
Telle qu'vne plaintiue idole,
Va son couroux solicitant,
Et l'inuite à prendre pour elle
Vne legitime querelle :
Mais doit il vouloir que pour luy
Nous ayons tousiours le teint bles-
Cependāt qu'il tēte luy mesme(me,
Ce qu'il peut faire par autruy ?

Si voz yeux sont toute sa braise,
Et vous la fin de tous ses veux,
Peut il pas languir à son aise
En la prison de vos cheueux ?
Et commettre aux dures couruées
Toutes ces ames releuées,
Que d'vn conseil ambitieux
La faim de gloire persuade
D'aller sur les pas d'Encelade
Porter des escheles aux cieux ?

Apollon n'a point de miſtere,
Et ſont profanes ſes chanſons,
Ou deuant que le ſagitaire
Deux fois ramene les glaçons,
Le ſuccez de leurs entrepriſes
De qui deux prouinces conquiſes
Ont deſia fait preuue à leur dan,
Fauoriſé de la victoire
Changera la fable en hiſtoire
De Phaëton en l'Eridan.

Nice payant aueques honte
Vn ſiege autrefois repouſſé,
Ceſſera de nous mettre en conte
Barberouſſe qu'ell' a chaſſé :
GViſe en ſes murailles forcées
Remettra les bornes paſſées
Qu'auoit noſtre empire marin :
Et SOiſſons fatal aux ſuperbes
Fera chercher parmy les herbes
En quelle place fut Turin.

F I N.

A MONSIEVR LE
GRAND ESCVYER
de France.

ODE.

A La fin c'est trop de silence
En si beau suget de parler:
Le merite qu'on veut celer
Souffre vne iniuste violence:
B Ellegarde, vnique support
Où mes veux ont trouué leur port,
Que tarde ma paresse ingrate,
Que desia ton bruit nompareil
Aux bors du Tage et de l'Eufrate
N'a veu l'vn & l'autre soleil?

Les Muſes hautaines & braues,
Comme filles de Iuppiter,
Ne ſçauent que c'eſt de flater
A la maniere des eſclaues:
Mais auſsi ne ſont elles pas
De ces beautez dont les appas
Ne ſont que rigueur & que glace:
Et de qui le cerueau leger,
Quelque ſeruice qu'on leur face,
Ne ſe peut iamais obliger.

La vertu, qui de leur eſtude
Eſt le fruit le plus precieux,
Sur tous les actes vicieux
Leur fait haïr l'ingratitude:
Et les agreables chanſons
Par qui leurs doctes nourriçons
Sçauent charmer les deſtinees,
Recompenſent vn bon accueuil
De louanges que les annees
Ne mettét point dans le cercueuil.

Les

Les tiennes par moy publiées,
Ie le iure sur les autels,
En la memoire des mortels
Ne seront iamais oubliées :
Et l'eternité, que promet
La montagne au double sommet,
N'est que mensonge & que fu-
Ou ie rendray cest vniuers (mée :
Amoureux de ta renommée
Autant que tu l'es de mes vers.

Comme en cueuillant vne guirlande
L'hōme est dautant plus trauaillé,
Que le parterre est esmaillé
D'vne diuersité plus grande :
Tant de fleurs de tant de costez
Faisant paroistre en leurs beautez
L'artifice de la nature,
Qu'il tient suspendu son desir,
Et ne sçait en cette peinture
Ny que laisser ny que choisir.

D

Ainsi quand pressé de la honte
Dont me fait rougir mon deuoir,
Ie veux vne euure conceuoir
Qui pour toy les âges surmonte :
Tu me tiens les sens enchantez
De tant de rares qualitez
Où brille vn excés de lumiere,
Que plus ie m'arreste à penser
Laquelle sera la premiere
Moins ie sçay par où commencer.

Si nommer en son parentage
Vne longue suitte d'ayeux
Que la gloire a mis dans les cieux
Est reputé grand auantage :
De qui n'est il point reconnu
Que tousiours les tiens ont tenu
Les charges les plus honorables
Dont le merite & la raison,
Quãd les destins sont fauorables,
Parent vne illustre maison ?

Qui ne sçait de quelles tempestes
  Leur fatale main autresfois
  Portant la foudre de nos Rois
  Des Alpes a batu les testes?
  Qui n'a veu dessous leurs combas
  Le Pò mettre ses cornes bas?
  Et les peuples de ses deux riues,
  Dans la frayeur enseuelis,
  Laisser leurs despouilles captiues
  A la mercy des Fleursdelis?

Mais de chercher aux sepultures
  Des tesmoignages de valeur,
  C'est à ceux qui n'ont rien du leur
  Estimable aux races futures:
  Non pas à toy qui reuestu
  De tous les dons que la vertu
  Peut receuoir de la fortune,
  Counois que c'est que du vray biē,
  Et ne veux pas comme la lune
  Luire d'autre feu que du tien.

Quand le monstre infame d'Enuie,
A qui rien de l'autruy ne plest,
Tout lasche & perfide qu'il est,
Jette les yeux dessus ta vie :
Et te voit emporter le pris
Des grãs cueurs et des beaux espris
Dont auiourd'huy la France est
Est il pas cõtraint d'auouër (pleine,
Qu'il a luy mesme de la peine
A s'empescher de te louër ?

Soit que l'honneur de la carriere
T'appele à monter à cheual,
Soit qu'il se presente vn riual
Pour la lice, ou pour la barriere :
Soit que tu donnes ton loisir
A prendre quelque autre plaisir
Eslongné des molles delices :
Qui ne sçait que toute la Court
A regarder tes exercices
Comme à des theatres accourt?

Quand tu paſſas en Italie,
  Où tu fus querir pour mon Roy
  Ce ioyau d'honneur & de foy,
  Dont l'Arne à la Seine s'allie :
  Thetis ne ſuiuit elle pas
  Ta bonne grace & tes appas,
  Comme vn obiect émerueillable ?
  Et iura qu'aueques Iaſon
  Iamais Argonaute ſemblable
  N'alla conquerir la toiſon ?

Tu menois le blond Hymenée,
  Qui deuoit ſolennellement
  De ce fatal accouplement
  Celebrer l'heureuſe iournée :
  Iamais il ne fut ſi paré :
  Iamais en ſon habit doré
  Tant de richeſſes n'éclaterent :
  Toutesfois les nymfes du lieu
  Non ſans apparence douterent
  Qui de vous deux eſtoit le Dieu.

De combien de pareilles marques,
Dont on ne peut me dementir,
Ayie dequoy te garantir
Contre les menaces des Parques?
Si ce n'eſt qu'vn ſi long diſcours
A de trop penibles détours :
Et qu'à bien diſpenſer les choſes,
Il faut meſler pour vn guerrier
A peu de myrte & peu de roſes
Force palme & force laurier?

Achile eſtoit haut de corſage,
L'or éclatoit en ſes cheueux,
Et les dames aueques veux
Soupiroyent aprés ſon viſage :
Sa gloire à danſer & chanter,
Tirer de l'arc, ſauter, lutter,
A nulle autre n'eſtoit ſegonde :
Mais s'il n'euſt riē eu de plus beau,
Son nom qui vole par le monde
Seroit il pas dans le tombeau?

S'il n'euſt par vn bras homicide,
  Dont rien ne repouſſoit l'effort,
  Sur Ilion vengé le tort
  Qu'auoit receu le ieune Atride:
  De quelque adreſſe qu'au giron
  Ou de Phenix ou de Chiron
  Il euſt fait ſon apprentiſſage,
  Noſtre âge auroit il auiourd'huy
  Le memorable teſmoignage
  Que la Grece a donné de luy?

C'eſt aux magnanimes exemples,
  Qui ſous la banniere de Mars
  Sont faits au milieu des hazars,
  Qu'il appartient d'auoir des tem-
  Et c'eſt aueques ces couleurs (ples:
  Que l'hiſtoire de nos malheurs
  Marquera ſi bien ta memoire,
  Que tous les ſiecles auenir
  N'aurōt point de nuit aſſez noire
  Pour en cacher le ſouuenir.

En ce long temps, ou les manies
D'vn nombre infiny de mutins,
Poussez de nos mauuais destins,
Ont assouuy leurs felonnies, (reux,
Par quels faits d'armes valeu-
Plus que nul autre auentureux,
N'as tu mis ta gloire en estime?
Et declaré ta passion
Contre l'espoir illegitime
De la rebelle ambition?

Tel que d'vn effort difficile
Vn fleuue au trauers de la mer
Sans que son goust deuienne amer
Passe d'Elide en la Sicile :
Ses flots par moyens inconnuz
En leur douceur entretenuz
Aucun meslange ne reçoiuent :
Et dans Syracuse arriuant
Sont trouuez de ceux qui les boi-
Aussi peu salez que deuant. (uent

Tel

Tel entre ces eſprits tragiques,
Ou plutoſt demons inſenſez,
Qui de nos dommages paſſez
Tramoient les funeſtes pratiques,
Tu ne t'es iamais diuerty
De ſuiure le iuſte party,
Mais blaſmant l'impure licence
De leurs deſloyales humeurs,
As touſiours aimè l'innocence
Et pris plaiſir aux bonnes meurs.

Depuis que pour ſauuer ſa terre,
Mõ Roy le plus grãd des humains
Eut laiſſé partir de ſes mains
Le premier trait de ſon tonnerre,
Iuſqu'à la fin de ſes explois
Que tout eut reconnu ſes lois,
At il iamais deffait armée,
Prins ville, ny forcé rampart,
Où ta valeur acoutumée
N'ait eu la principale part?

Soit que pres de Seine & de Loire
  Il pauast les plaines de morts,
  Soit que le Rosne outre ses bords
  Luy vist faire esclater sa gloire,
  Ne l'as tu pas tousiours suiuy?
  Ne l'as tu pas tousiours seruy?
  Et tousiours par dignes ouurages
  Tesmoigné le mépris du sort
  Que sçait imprimer aux courages
  Le soin de viure apres la mort?

  Mais quoy? ma barque vagabõde
  Est dans les Syrtes bien auant;
  Et le plaisir la deceuant
  Tousiours l'emporte au gré de
  BEllegarde, les matelots (l'onde:
  Iamais ne meprisent les flots
  Quelque phãre qui leur esclaire:
  Ie feray mieux de relascher,
  Et borner le soin de te plaire
  Par la crainte de te fascher.

L'vnique but où mon attente
Croit auoir raison d'aspirer,
C'est que tu veuilles m'asseurer
Que mon offrande te contente :
Donne m'en d'vn clin de tes yeux
Vn tesmoignage gracieux :
Et si tu la trouues petite
Ressouuiens toy qu'vne action
Ne peut auoir peu de merite
Ayant beaucoup d'affection.

Ainsi de tant d'or & de soye
Ton âge deuide son cours,
Que tu reçoiues tous les iours
Nouuelles matieres de ioye :
Ainsi tes honneurs fleurissans
De iour en iour aillent croissans
Malgré la fortune contraire :
Et ce qui les fait trebuscher
De toy ny de Termes ton frere
Ne puisse iamais approcher.

Quand la faueur à pleines voiles,
Tousiours compagne de vos pas,
Vous feroit deuant le trépas
Auoir le front dans les eſtoiles,
Et remplir de voſtre grandeur
Ce que la terre a de rondeur:
Sans eſtre menteur ie puis dire
Que iamais voz proſperitez
N'yront iuſques où ie deſire,
Ny iuſques où vous meritez.

FIN.

PAr grace & Priuilege du Roy, il eſt permis au Sieur de Malherbe de faire imprimer ſes œuures durant le temps de ſix ans, par tels Imprimeurs & Libraires que bon luy ſemblera, & pour tel temps qu'il voudra accorder à chacnn d'iceux : & deffenſes ſont faictes à tous Imprimeurs & Libraires, d'imprimer ou faire imprimer, vendre ny diſtribuer leſdictes œuures durant le temps de ſix ans, ſans le congé & conſentement dudict de Malherbe, ou autre ayant pouuoir de luy : à peine de confiſcation des exemplaires, & de tous deſpens dommages & intereſts : comme plus amplement eſt contenu & declaré par les lettres de ce donnees à Paris le 25. iour de Nouembre 1610. Signées, LOVYS.

Et plus bas par le Roy & la Royne Regente ſa mere preſente.

LOMENIE.

Ledict ſieur de Malherbe ſuiuant le contenu audict Priuilege a permis à Adrian Beys, marchant Libraire à Paris d'Imprimer les vers qui ſont cy deuant. Faict à Paris ce 14. Decembre 1610.